3年間の不思議な出来事

吉泉 丞花

YOSHIIZUMI Shoka

文芸社

まえがき

私の背中に会ったことのない人の霊が乗っかった日から、さまざまな驚くような出来事が次々と起こりました。2019年4月からの3年間は「こんなことってあるの？」のサプライズのオンパレードでした。

占い教室の先生に1枚の写真を見てもらいましたら、なんと私の亡き母もいるとわかり……驚くばかりでした。途中からは亡き父も現れ、「いったい私に何をしてほしいのかしら……？もしかしたら私へのメッセージがあるのかも」と考えるようになりました。

そして、あっという間に3年間の月日が経ち、この不思議な出来事を多くの人に知ってほしいと思い、本を書きました。

主に登場するのは、東京在住の私＝ばあばと、福岡に住んでいる長女のココママ、孫のカリンちゃん、アンズちゃん、モモちゃん。そして、東京に住んでいる次女のあーちゃんママ、孫のきっくん、かかちゃん。コロナ禍だったこともあり、電話での交流がほとんどでしたが、私にとってなんとも貴重でかけがえのない3年間だったのです。

目次

■2009年10月

ある日、左肩が重くて重くて、1歩1歩牛歩になってます。まるで誰かを負ぶっているような異様な感じです。9月30日に大行院《だいぎょういん》で、父の供養を済ませたばかりなのに……。何か私に伝えたいことがあるのかしら？

こんなときには、後ろの霊が見える人が来てくれたらいいなぁーと思っていました。

すると突然に霊が見えるIさんが、私の経営する保険ショップに来店されました。しかし、後ろの霊のことをお尋ねしようと思ったのに、入り口で2、3分立ち話をするだけで帰ってしまいました。でも、「3日後にまた来ます」と言い残して——。

3日後、ちゃんとその方はお見えになりました。とてもうれしかったし、安心しました。

さっそく後ろの霊の確認をお願いしました。やはり後ろに霊が負ぶさっている状態だそう。

「すごく重いから男の霊ですよね。私の父かしら？」

「いいえ、最近亡くなった人みたい」

「じゃあ、婿のお父さんね」

と答えたとたんにスッと肩が軽くなりました。どうやら自分の息子である婿に、伝えたいことがあったようです。

その後、Iさんは霊のメッセージを奇遇にも仕事で東京に来ていた婿に説明していました。

Iさん、本当にありがとうございました。婿の亡き父親のメッセージを婿に伝えることができて、本当に感謝、感謝でした。


でもとても不思議な出来事ですよね。

私自身は一度も婿のお父さんにお会いしたことがないのに、私の肩に負ぶさってくるなんて。

しかも自分のメッセージを読み取れる人まで呼び寄せたりして。

とても不思議で信じられないことでした。

私自身、何が何だかわからない！　本当に信じがたい！

とにかく近いうちに、大行院できちんと供養をさせていただくことにしました。

そうして、さっそく婿さんと娘のココを福岡から呼びよせ、3人で大行院へ行ったのでした。

■2019年4月　福岡にて

私が福岡のココママの家に行く1日前のこと。

東京からママのあーちゃん、きっくん（9歳）、かかちゃん（3歳）が到着しました。

「会えてうれしい！　本当によく来てくれたわね！　またみんなで一緒に遊べてうれしい!!」

ママのココちゃん、カリンちゃん（9歳）、アンズちゃん（5歳）、モモちゃん（4歳）の熱いお迎えだったようでした。

その日の夜中——。

かかちゃん　ギャー!!　ギャー!!　男の人がいる！

かかちゃんが玄関のほうを指差して、震えて泣いてます。いったいど

うしたというのでしょう!!

かかちゃん以外の全員

私たち7人で見ても、何も見えないけど。

あーちゃんママ

きっと、かかちゃんには霊が見えているのかも。

以前は、お兄ちゃんのきっくんが見えるって言ってたけど。

きっくん

ぼくには今は、何も見えないよ。

あーちゃんママ

じゃあ、大きくなるにつれて見えなくなったんだね。

引っ越しのときは必ずきっくんに部屋を見てもらってから決めていたのよ。

翌日——。

ばあば

やっと合流できたわ。3日間お泊まりお願いします。

パパとママと孫たち

どうぞ、うれしい!!

ばあば
じつは私、4、5日前から左肩が痛いのよ。
いつもは腕をグルグル回したり、肩甲骨の運動をすればすぐよくなるのに……。
今回はなかなかよくならない！　かえって痛さが増して重くなるのよ。

パパ
じつはあーちゃんたちが泊まりに来た昨日、夜中に3歳のかかちゃんが、男の人が玄関のほうにいるって大騒ぎをし、大泣きして大変だったんだ。

ココママ
もしかしたらパパの父親かなって思ってるんだけど。

ばあば
私もそんな感じがするのよね。
10年前に、一度だけお義父さんのために大行院で一緒に供養させてもらったわね。
自分たちでちゃんと供養しますって言ってたけど、してないよね？
ほんとは供養してないんでしょう？

パパ　忙しくてついつい……。

ばあば　私の後ろに負ぶさっているのはやっぱりお義父さんなのね。

これからは私の両親の供養と一緒に、大行院でさせてもらいましょうよ。

あれっ！　肩が急に軽くなったような気が。

しかし、不思議ですよね。すでに息子のそばにいるのに、東京から私の肩に負ぶさって、飛行機で福岡まで同行し、自分が誰なのかを伝えるために、そんなことまでするなんて。

面識もないのに、ずいぶん私を頼りにしているようですね！

まあ、かわいい孫たちのおじいちゃんだから、お手伝いさせていただきますよ。

これからいったいどういう展開になるのかも興味があります。

でも、ここは5人家族ですが、誰一人おじいちゃんが見える人はいません！

何日かしたら天国に戻るのかしら？　信じられないことばかり。

3日後には私も東京に戻ります。

おじいちゃんはここに残ると思いますが、何か支障が起こらないんでしょうか？　心配です。

おじいちゃんが見えるという、かかちゃんも東京へ帰ってしまうのですから。


そして2週間後、電話にて――。

ココママ
大変！　モモちゃんが見えるようになったの！　おじいちゃんが見えるって！
白っぽい服で髪の毛もひげも、白いって。少し寂しそうな顔をしてるって！
見慣れないから、怖いし、まだ近寄れないって言ってるの！

ばあば
やっぱりそこにもう少し居たいから、誰かがコンタクトを取れるようになったのかもね。

きっと、神様にお願いをして、息子に会いに来たのよ。

すごいよね、私を通じて自分の願いを手にするって。

きっと生前いい人だったと思うよ。

10年間きちんとあの世で修行してきたのね。

本当に不思議な話ね、信じられない！

☎2019年5月

ココママ

モモちゃんが、「おじいちゃんがべろべろばあと顔を近づけてくるから怖い」って、私にしがみついてくるの。

遠くから見る分にはいいけど、さすがに近づくと怖いみたい。

トイレへ行くときはモモちゃん1人だと、おじいちゃんが通せんぼするんだって。だからそのたびに、私を呼ぶの。私がいると、よけてくれるんだって。

まとわりつくのは、かわいがってるつもりなのよね。孫と遊んだことがないから。

トイレの隅に骨をいっぱい積んでいる光景を見せるって。

私たちがお墓の場所がわからないって話してるから、きっとヒントを教えてくれてるの

ね。共同墓地なんじゃないかしらね？

ばあば

孫がこんなにかわいいとは、思わなかったのね。
奇妙な形だけど、会えてよかったよねー。おじいちゃん幸せですね！
お墓の場所のヒント、すごいね！

☎2019年6月

ココママの家のリビングで、子どもたちがビーチボールでポーンポーンと遊んでいます。

モモちゃん

あっ、椅子のほうはダメー。おじいちゃんが座ってるから！

ココママ

モモちゃん以外は誰も見えないのね。

カリンちゃん、アンズちゃんはキョトンとしています。

モモちゃん　おじいちゃん、うれしそうに見てるよ。

ココママ　おじいちゃんがいても、誰ひとり、いやがったり怖がったりしてないのね。

ばあば　不思議ね。1人ぐらい、いやがったり怖がったりしてもいいのに。
本当に不思議!!　モモちゃん、最初はあんなに怖がっていたのに。

☎2019年7月

ココママ　モモちゃんが、「今、おじいちゃんが私の肩にトントンと合図をして、お昼の弁当を買いに行く」って。

ばあば　ひとり暮らしのときはいつもコンビニの弁当だったから、日常の習慣なのね。

お金の支払いはどうするの?

ココママ　置《お》き銭《ぜに》をするらしいよ。

ばあば　置き銭って?

ココママ　モモちゃんがおじいちゃんから聞いたみたいなんだけど、透明なお金を置いてくるんですって。

ばあば　お金は神様から支給されるのかしら?
不思議ね。信じがたいことばかり!
神様から、息子の家族と楽しく暮らせる許可を得ているのね。

モモちゃん　おじいちゃん、今夏だから、お祭りに行ってたこ焼きを食べてるよ。

ココママ　モモちゃん、いろいろとよく見えるのね。楽しそうね。

おじいちゃんもよかったね！

初めの頃は元気なくて寂しそうだったんでしょう？

モモちゃん　今は前と違って明るくなったよ。
ニコニコしているよー。よかった！

ばあば　モモちゃん、最初は怖がっていやがってたのに、今じゃすっかり仲よしね。

3か月で家族にとけ込むなんて。おじいちゃん、すごいね！

一日一日を大事に楽しんでるみたいだね。

いつまでこの家に居られるか、わからないもんね！

毎日神様に、もっと居られるようにお願いしてるでしょうね。

モモちゃん　この間、アンズちゃんが熱で寝込んだとき、おじいちゃん、心配そうに見守ってたよ。

ばあば　やさしいね！

モモちゃん
うん、やさしいよ！　前にきっくんが来て、ＰＭ２・５で目が腫れて横になってたとき
も、心配そうにそばで見守ってたよ。

やがて夏休みを迎え、電話にて――。

ココママ
新幹線で、家族全員東京に向かってますー。
モモちゃんに聞いたら、なんとおじいちゃんも一緒に乗ってるんだって⁉

ばあば
へえー？　そうなんだ。お留守番かと思ってたわ。

ココママ
アンズちゃんの後ろに座ってるんだって。

ばあば
毎日信じがたい出来事の連発なので、頭がついていけないよ！　日々サプライズ‼
そんなことって、本当にあるの？

東京駅でうれしい出迎え！
暑いので、途中のアイスクリーム専門店へ。
ばあば　まさか、おじいちゃんもアイスクリームを食べてるの？
モモちゃん　うん、ちゃんと置き銭をして、チョコ系のアイスを買って食べてるよ！
ばあば　絶句!!　信じられない！
ココママ　パパが前に言ってたけど、昔からチョコ系のアイスが大好きだったんだって。本当だったのね。
ばあば　アンビリーバブル!!　まだまたサプライズ!!
やっと家に着きました。
「ちょっと買い物に行ってきます」と、ばあばの留守中に——。

モモちゃん

大変、大変！　天井の角、火事になってるよ!!

ママ、早く来てー！

ココママとあーちゃんママ

どっこいしょー。いったい何事？

モモちゃんとかかちゃん

角のほら天井の所、火が見えるよ！

ココママとあーちゃんママ

何も見えないよ！　天井の角のどこ？

モモちゃんとかかちゃん

ほら、あそこ！　火がチカチカしてるよ！　どうしよう。火事になっちゃうよ!!

ばあば

ただいまー。

ココママとあーちゃんママ

さっき大変だったんだよー。天井の角の辺りが、火がチカチカして火事になってるって、大騒ぎだったの！

ばあば

何の変化もないよ！

ははー、おじいちゃんが線香花火をして見せたのよ、喜ぶと思って！

前に「ピエロの霊が見えて怖かった」と言ってたでしょう？

あれもおじいちゃんが、喜んでくれると思って、いたずらして見せたのよ！

けっこうサービス精神旺盛なのねー。でも、受けなくて、逆に怖がらせてるよね、残念！

あーちゃんママ

そう言えば、かかちゃんが最初におじいちゃんを発見したよね。

天井の角の火花だけ見えたよね。それ以来、霊を見てないので、もうこの件で霊は見えないということなの？　お役目は終わったのかしら？

ばあば

おじいちゃんを発見して約10日後に、モモちゃんが見えるようになったのよね。

まるでバトンタッチ！　不思議ですねえ。

ココママ
今はモモちゃんがおじいちゃんのメッセージを私たちに伝える役目なのよ！
顔を近づけてベロベロバアしてくるので、最初は怖がってたのに。
でも今はだいぶ親しくなって、おじいちゃんが帰ってきてるかどうか確かめてるよね。
心配しているよ。

ばあば
やさしいね、モモちゃん！

ココママ
最近は追いかけっこして遊んでるよ。
私にはモモちゃんしか見えないけど。

モモちゃん
ほら、つかまえた！　ママ、見てー！

ココママ
モモちゃんが、何かを抱いているように見えるね。

モモちゃん　そうよ！　今おじいちゃんに後ろから抱きついたの。

ココママ　おじいちゃんと仲いいのね。

モモちゃん　そう！　おじいちゃん、大好きなの。

ばあば　本当に不思議!!

モモちゃん　ねぇ、みんなは幽霊見えないの？

ココママ　うん、見えないよ。

モモちゃん　そうなの？　だからいつもわたしに聞いてくるのね。そうなんだ!!

■2019年8月　東京ディズニーランドへ
カリンちゃんとアンズちゃんとモモちゃん

今日はディズニーランド!!　わーいわーい、うれしいなぁ！


早起きをしてみんなで出発です。

電車を乗り継いで、はーいディズニーランドに到着!!

入口でさっそくカチューシャをゲットし、いろんな乗り物、お化け屋敷、シンデレラ城へと巡ります。暑いのでときどき水分補給しつつ、ポップコーン、かき氷、おいしいランチをいただいたりと、何とも言いようのない素晴らしい一日!!

おじいちゃんも一緒に行動し、とくにお化け屋敷が大好きだそうです。

1週間の東京での夏休みが終わり、東京駅でココママと孫たちと涙、涙のお別れです。

毎回別れるときは、孫たちに大泣きされるのでつらいです。

家族全員一緒にいるときは、本当に楽しくて、楽しくて離れがたい!!

☎2019年9月

ココママ

夏休みの疲れでお昼頃、うとうとして寝てしまったの。モモちゃんの幼稚園バスのお迎え時間が近づいたとき、誰かに左肩をトントンされて起きたの。誰もいないのに。きっと、おじいちゃんよね。お陰でバスのお迎え間に合ったわ。

ばあば

おじいちゃんも役に立ちたいと思ってお手伝いしたのね。ありがたいね。でも本当に不思議!!

ココママ

今月末、おじいちゃんの誕生日で、ケーキを買ってお祝いしたの。モモちゃんが、「生きていたらもっと楽しいのにー」と言って泣いてたよ。

ばあば

おじいちゃんも、その言葉を聞いて泣いたでしょうね。こんなにまで孫に愛されるなんて!

☎2019年10月

私は、孫たちのひいじいちゃんとおじいちゃんの供養のために、大行院へ。今年もちゃんと、ご供養させていただきました。

ココママ

いつも代行お願いして、すみません、本当に、ありがとう！

今おじいちゃんとモモちゃん、追いかけっこして遊んでるよ。モモちゃんしか見えないけど楽しそうよ。

ばあば

そうそう、気になってたけど、お供えのリンゴはどうやって食べてるのかしら？

モモちゃん

リンゴの上のほうを、少し切ってくれるとありがたいって。

ココママ
韓国ドラマで見かけたことがある。
丸いリンゴの上の部分だけ切って、並べてあったね。
ばあば
そうなの？　知らなかった。そのほうが食べやすいもんね。

☎2019年11月

私は、有名なF先生の占い教室に通っています。

休み時間に、他の生徒さんが、何やら写真を先生に見せていろいろとご相談されているようです。先生には、写真に写っている霊が見えるそうです。

そうだ！　モモちゃんにおじいちゃんの霊がついているはずなので、次回モモちゃん1人の写真を先生に見ていただきましょう。こんないい機会はないと思う。ドキドキしてきた！

そして、楽しみにしていた占い教室の日になりました。ディズニーランドのシンデレラ城、モモちゃんがガラスの靴を履くシーンの写真を持参して、先生にお見せしました。

先生

胸元に山伏の格好をした男の人がいます。
左耳に母方の女の人がいます。

ばあば
先生、山伏の男の人は確認してますが、左耳に女の人もですか？

先生
母方の女の人です。

左耳の女の人――間違いなく私の母です。驚きとうれしさで、頭が真っ白になりました。いつからモモちゃんのそばに？　モモちゃんにはまだ母の霊が見えません。いつどんなタイミングでご対面するのかしら？
まさか私の母までディズニーランドに同行していたとは。
その夜、ココママに電話で伝えました。もちろん驚いていました。
F先生は本当にすごい!!　山伏の男の人、私がモモちゃんから聞いたおじいちゃんの姿そのままです。当たってます！

ココママ
スマホで山伏の画像を出して、モモちゃんに見せたら、「おじいちゃんと同じ服だよ」

って言ってた。

ばあば

本当に信じられないほど、びっくり!!

もし、モモちゃんが女の人の霊を見たら教えてね！

拒否しちゃうと2度と家に入れないかもしれないから。

☎2019年12月

モモちゃん

女の人が1人増えてる！　大変だぁ！

玄関のほうへ呼んで、早く外へ出てもらわなくちゃ！

ママも手伝って!!　早く来て！　早く!!

ココママ

ちょっと待って！　ばあばが、ひいばあちゃんがこの家に居るかもしれないって。

よーく見て、ばあばに似てない？　どう？

モモちゃん

あっ、今笑ったよ！　ばあばに似てると思う。怖くないよ！

ココママ

じゃあ、ひいばあちゃんだよ！

占いのF先生ってすごいね！　本当に驚くことばかり。まだまだ続きそうだね！

ばあば

私は、生前おじいちゃんに会ったことがないし、ひいばあちゃんも、パパのお父さんであるおじいちゃんにはもちろん会ったことがないはず。霊同士で交流があるのかしら？本当は、ひいばあちゃん、前から福岡のその家に居たのに、自分の姿を見える人が誰もいないから困っていたのかもね。ちゃんと自分の存在を知ってほしいって思ったのかしら。

おじいちゃんもちゃんと福岡の家に居たのに、私の肩に負ぶさってまでして、自分の存在を知らせたように思える。

その家の人に認証されないと神様から長期滞在の許可が下りないのかな？

ココママ　私、ひいばあちゃんかどうか、確かめたいことがあるの。

ばあば　えっ、どうやって？

ココママ　モモちゃん、ひいばあちゃん、私のことを何て呼んでいるの？

モモちゃん　「ココさん」と言ってるよ。

ココママ　そうよ、ひいばあちゃんに間違いないわ！　身内で私にさん付けするのは、ひいばあちゃんだけだから！

ばあば　そうだったのね。なんてすごい確認方法！　確証できてよかった！

☎2020年1月

元日の午後のこと。ココママから電話。

ココママ　モモちゃんが、「おじいちゃんが神様に呼ばれて、『今すぐ行かなくちゃ！』って出て行ったよー。寂しいよー」と泣いてるの。なぜかアンズちゃんも泣いてるのよ。

ばあば　えっ、急にお正月に⁉　また戻ってくるの？

ココママ　それがもう会えないかもしれないって、おじいちゃん、とても悲しそうにしてて、元気がなかったって言ってるの。

ばあば　神様に、孫のそばにもっといたいと懇願すれば、もうちょっと居られるかもね。

翌日、２日――。

モモちゃん　おじいちゃんが帰ってきた！　ママ、帰ってきたよー！

わーいわーい、よかったねー！

アンズちゃん　わーいわーい、よかった！

ココママ　どうやらアンズちゃんにも、うっすらと見えるみたいよ。モモちゃんと一緒になって、おじいちゃんの帰りを喜んでいるのよ。

ばあば　おじいちゃん、本当に幸せね！　そんなに孫に慕われているなんて。神様もびっくりしているでしょう！でもお正月って、大事な節目で大切な日なのね。まだ己亥《つちのといのしし》だから。

☎2020年2月

ココママ　今月はモモちゃんと私の誕生日だからご馳走を作って、家族でわいわい賑やかにお食事しましたよ。もちろん、ひいばあちゃんとおじいちゃんも一緒にね！

おじいちゃん、ひいおばあちゃんも我が家にだいぶ慣れてきたのかも。

モモちゃん　そうだよ、家族だよ。もうずっと前から一緒にいるみたいで、楽しいよ！

☎2020年3月

ばあば　毎年の恒例行事で今日はかかちゃんのパパの車で大行院へ行くの。ひいばあちゃんとおじいちゃんの命日が間近なので、一緒に供養させていただくわね。ご塔婆《とうば》が読まれる番が近づいたら、ひいばあちゃんとおじいちゃんに来てほしいわ。モモちゃんに伝えて！

ココママ　はーい！　伝えます。

ばあば　1日がかりなので疲れるわ。毎回大変だけど、終わるとすごくほっとして気持ちが楽になる。不思議よね。かかちゃんのパパもそう言ってた。

ココママ　ご塔婆が読まれる頃だと思うけど、ひいばあちゃんとおじいちゃん、しばらくいなかったって、お出かけしてたって。

ばあば　ひいばあちゃんとおじいちゃんって、会話をしたりするの？

ココママ　モモちゃんに聞いたら、あまり見かけないって。

ばあば　あまり関わりをもちたくないのね。
大行院で今年庚子《かのえね》の一念叶の書をいただいたので送るわね。

☎2020年4月

ばあば　幼稚園や学校が始まったから、ひいばあちゃんとおじいちゃんは退屈でしょうね。

ココママ

ひいばあちゃん、モモちゃんの幼稚園までついていってるって。

ばあば
わぁーびっくり！　大丈夫なの？

ココママ
すごく楽しそうにしているって！
お友だちから、「モモちゃんの隣にいつもおばあちゃんがいるね」って言われたって。
小さいときには霊が見える子がいるらしいね。

ばあば
それはまずいね！　隠れて見ているのが普通ですけど。
ひいばあちゃんは戦争中、保母さん（現・保育士）をやらされたと聞いたことがあるわ。
子どもが好きなのはわかるけど。モモちゃんとだいぶ仲よしなのね。

ココママ
そうなのよ。私もびっくり！

ばあば　おじいちゃんは大丈夫なの？　モモちゃんにべったりだったのに。

ココママ　それは大丈夫！　おじいちゃんとも遊んでるから。

ばあば　それなら安心した。おじいちゃんからモモちゃんを取り上げたのかと心配だったから。

ココママ　それはないよ。
そうそう、モモちゃんが、「パパがお風呂に入っているとき、ときどきおじいちゃんが後ろからおんぶされてる状態で入ってる」って。

ばあば　パパは気づかないのかしら。
やっぱり息子が愛しいのね！

☎2020年5月

モモちゃん
ひいばあちゃんは今、沖縄そばとかまぼこを買いに出かけたよ。

ココママ
えっ沖縄に？　ずいぶん遠くまで出かけるのね。

モモちゃん
よく沖縄へ出かけるよ。沖縄そばとかまぼこを買いに。

ココママ
買い物のほかに、きっと大事な用があるのね。

ばあば
島に私の弟のショウちゃんがいるの。きっと会いに行ってるのね。頻繁に行ってると思うよ。ひいばあちゃんが福岡に行く前は沖縄にいたと思う。

ココママ
そうかもね。

翌日――。

モモちゃん　ひいばあちゃんが台所を借りて沖縄そばを作ったたって。
おいしそうにかまぼこを食べてた！

ばあば　ジーッと見てたら、ひと口くれたよ。とてもおいしかった！

モモちゃん　モモちゃん、食べちゃダメ!!　次元が違うからダメです！　ひいばあちゃんもダメよ！

ばあば　ばあば、ちがうの。私がジーッと見てたから、ひいばあちゃんがひと口くれたの。
私が見てたから……。

モモちゃん　もう食べてはいけないよ。

ココママ　うん、もうしない。
かまぼこっておいしいの？

ばあば

魚のすり身をいっぱい使ってるから、最高においしいのよ！
そう言えば、ひいばあちゃんの大好物だったわ。
モモちゃんとひいばあちゃん、なんて強い絆！

☎2020年6月

モモちゃん

ひいばあちゃんとおじいちゃんが、「二段ベッド借りて昼寝するね」って。

ココママ

いいよ、どうぞ、どうぞ。

ばあば

明け方まで写経してるから、午後眠くなるのね。

2時間ほど経って――。

モモちゃん　ママー、ひいばあちゃん起きたよー。ちょっと来てー。

ココママ　はーい、で、どうするの？

モモちゃん　ひいばあちゃんが上の段だから、はしごのそばに立ってて。落ちたら大変だから！　見守りして。

ココママ　私には何も見えないけど。

モモちゃん　いいの、いいの！　ここに来て。

ココママ　なんでひいばあちゃんが上の段なの？

モモちゃん

私にもわからないよ。そういう決まりみたいよ。

ココママ
決まりなのね。
私たちには理解できないことばかりだわ。

ばあば
あの世の位かもね。
それにしてもモモちゃん、ずいぶんひいばあちゃんを思いやる気持ちが半端じゃないね。
羨ましいくらい、ひいばあちゃんを大事にしてる。

ココママ
私もそう思う。
まるで大人みたい、まだ幼稚園児なのに。ママの私より大事みたい。

ばあば
ばあばのわたしよりも、好きみたいね……残念だわ。

☎2020年7月

ばあば
私、最近気がついたことがあるんだけど。
モモちゃんのひいばあちゃんとの会話は、声ではなく心で？

ココママ
私もそう感じる。そういうときは遠くを見つめてるよ。
音声ではなく心で会話してるみたい。何か質問するとすぐに答えてるよね。
そう言えば、夜寝る前にいつも遠くを見つめてるわ。
私が話しかけると、「今ダメ、あっち行ってて」って、避けられるよ。ひいばあちゃん、違う部屋にいるのに。

ばあば
糸電話みたいなものかしら？

ココママ
それに似た何かがあるかも。
そう、昨日沖縄から果物が届いたよ。ひいばあちゃん、傷んでる部分を、間違って食べてしまったって。げぇって吐き出してたって。

ばあば　まるでこの世の人としか思えない！
昔自分たちが育てた果物だから、おいしかったでしょうねー。

☎２０２０年８月

ココママ　先日、日帰り温泉に行ってきたの。もちろんお二方も一緒よ！

ばあば　私の郷里では湯船に浸かる習慣がないので、ひいばあちゃん、どうしたのかな？

モモちゃん　「湯船熱ーい！」と言ってすぐ上がったよ。やっぱりかけ湯がいいって、かけ湯してた。

ばあば　そうでしょう、慣れてないから。
私も、昔お風呂屋さんで、湯船に長く浸かってのぼせた、という恥ずかしい経験がありました。
でも今では、熱ーい湯船が大好き。

ココママ
「お食事がおいしーい！」ってひいばあちゃんが喜んでたって。
おじいちゃんもすごく喜んでたって。
温泉に行ってよかった。

☎2020年9月

モモちゃん
おじいちゃん、犬を飼ってるよ。携帯の写メで黒いワンちゃん見せてくれたの。
携帯まで持ってるんだよ。

ココママ
そう、パパに聞いたことがある、以前黒いワンちゃん飼ってたって。パパの携帯の写メも見たよ。
へえ、おじいちゃん、携帯持ってるの？

ばあば

あの世でも携帯使えるのね。
誰かに聞いたことがあるわ、あの世でも同じように携帯や車があるよって。本当なのね!!

毎日毎日アンビリーバブル!?
我が一族の最近のこの現象、誰も信じてくれないのではないでしょうか。
朝はちゃんと顔を洗い、食事をし、置き銭をして買い物し、お風呂にも入る。
夜は朝方まで字をいっぱい書いている、たぶん写経してるんじゃないかな。
で、ときどき具合が悪くなるそうです。最期のつらさや苦しみが蘇るのか!?
とにかく不思議な出来事ばかり。

ココママ

月末は、おじいちゃんのお誕生日なので、家族全員でケーキいただきました。
モモちゃん、お姉ちゃんたちがお供えのお菓子が欲しいから、もう下げていい?

モモちゃん

もういいよー。お供えしたら、すぐ食べてるよ。

あっ！　これひいばあちゃんが開けて食べてたから、私が……。

ばあば

まあ、なんてかわいい子！

ひいばあちゃんも、モモちゃんがかわいくてしょうがないでしょうね。

☎２０２０年10月

ばあば

大行院でひいじいちゃん、ひいばあちゃんとおじいちゃんのご供養をさせていただきましたよ。

ココママ

いつも代行お願いしてすみません。

うちは休みの日に家族でお花畑へ行ったの。たまにはきれいな空気吸いたいと思って。

もちろんひいばあちゃんとおじいちゃんもついてきてましたよ。

花木の根元がガサッと揺れて、何かがポコッと出てきたような気がしたのよ。

びっくりしてたら……。

そのときのココママとモモちゃんの会話。

モモちゃん　今、ひいばあちゃん出てきたー。

ココママ　えっ！　なになに？　びっくりしたよ。
こんなこともするの？　本当に信じられないわ。

モモちゃん　いろんなところから、ポンッと出たりするよ。
何回か見たことがある！

☎2020年11月

ばあば　私の弟のショウちゃんは今月お誕生日なの。物ではなく、いつもお金を送ってるの。
そのほうが好きな物を買えるから。

ひいばあちゃんは、ほぼ毎日のように会いに行ってるでしょうね。

ココママ　ひいばあちゃんの誕生日はいつ？

ばあば　10月24日よ。

ココママ　先月だったのね。

モモちゃん　ひいばあちゃん、ウイッグをしてるよ。

ばあば　そう言えば生前、髪の毛が薄くなったからテレビコマーシャルのカツラが欲しいって要望があったので、私がプレゼントしたのよ。お棺の中に入れたけど、まだ使ってるのね。

モモちゃん　もう1つあってもいいってー。今度はひいじいちゃんから。

ばあば　あの世では仲がいいのね！

生前はよくケンカしてたのに、あの世では、まーるくなるのね。
いいことですけど。

☎2020年12月

ココママ
年末なので、何かと忙しいわ。
モモちゃんから聞いたけど、ひいばあちゃんが沖縄そばを作って、おじいちゃんと2人で食べてるそうよ。
寒くない日は、お弁当を買って大きい公園に行って、2人別々に離れたベンチで、お昼ご飯を食べるらしいよ。

ばあば
どうして2人同じベンチではないのかな？　2人だと目立つとか？

ココママ
本当ね。よくわからないことが、まだまだあるよね。

モモちゃん　あっ、今洗濯機から、ばあばが帰ってきたよ。

ココママ　えっ！　回してない洗濯機から？　びっくり!?

ばあば　本当に信じられない!!

ココママ　さて、クリスマスの飾りつけをしなくちゃ。いろいろ準備があるので大忙し！

続きは年明けね。

☎2021年1月

ばあば

今年はおじいちゃん、神様に呼ばれてないよね。

ココママ

そうね、そういう気配はないみたいよ。
モモちゃんとおじいちゃん、かけっこして遊んでるみたいよ。
私にはおじいちゃんは見えないけど、モモちゃん1人でキャッキャとはしゃいでるの。
楽しそうに遊んでいるわ。

ばあば

じゃ、もう少し居られそうね。よかった!
日々の行動、チェックされていると思う。初めのころはトイレ、お風呂までつきまとってたから、神様から警告されたのでは?

ココママ

そう言えば、呼ばれたあと、トイレやお風呂までは来なくなったみたい。
今からみんなで一緒に、初詣に行ってくるわね!

☎2021年2月

ばあば　新型コロナウイルス感染症が流行しているから、外出する回数が減ったね。
モモちゃんたちも退屈しているでしょう？

ココママ　リモート学習やドリルで勉強してるよ。
私は食事の準備で大忙しよ！

ばあば　あー、近ければ、行ってお手伝いできるんだけど。

ココママ　子ども3人、1人でもコロナに罹ったら、親までうつるでしょう？
想像するだけで、寝込んじゃいそう。

ばあば　こんなに酷い事態になるとは思わなかったわね。

ココママ
地球、ウイルスに乗っ取られちゃいそう！　心配ね。

ココママ
毎日、心配よ。とにかく新型コロナウイルス感染症にかからないように、注意して暮らしてるわ。天気のいい日は、あまり賑やかではない浜辺で遊んだり。
もちろん、お二方も喜んでついてきてるって！

☎2021年3月

モモちゃん
おじいちゃんが字を教えてくれてるの。
ほら、ママ見てー！

ココママ
ずいぶん仲がいいのね。おじいちゃんと楽しくお勉強してるのね。幼稚園休みだから、よかったね。
でも、早く元の生活に戻りたいね。

ばあば　大行院で恒例の供養も、ご塔婆を置いてきただけで、先生のお講和はなかったわ。

楽しみにしてたのに。

何もかも規制が多くて、事前に調べてから行動しなくちゃね。

ココママ　言い忘れてたけど、モモちゃんが、「おじいちゃん、左手に領収書、右手に計算機を持ってるよ。ひぃばあちゃんはお金をいっぱい持ってる」って。

ばあば　ということは、おじいちゃんはツケで、天国へ戻ってから神様に返済するのかな？

幼稚園児は「領収書」とは言えないよね。おじいちゃんから聞いたまま言ってるよね。

本当に信じられない！　まるで作り話のようね!!

大行院で今年辛丑《かのとうし》の一念叶の書とお守りをいただきましたので近々送りますね。

☎2021年4月

ココママ
モモちゃんの入学式だったの。カリンちゃんは、ひとりでお留守番でした。

ばあば
カリンちゃん、ひとりで大丈夫なの？

モモちゃん
ひいばあちゃんが一緒に留守番するって。

ばあば
へぇー、そういうこともするのね。

ココママ
入学式はすぐに終わるから。
新学期なのに登校は希望者のみなのよ。

一向に収まらない、新型コロナウイルス感染症！　本当に憂うつです。
生活が一変しました。

ココママ
昨日は子ども3人と私でパン作りをしたの。テーマは動物の顔よ。なんとかうまく出来上がったわ！
モモちゃん
くすくす（笑う）。
ココママ
どうしたの？
モモちゃん
ひいばあちゃんとおじいちゃんも一緒にパン作りしたけど、動物の顔、大失敗。がっかりしてるよ。
ココママ
大丈夫、大丈夫。
カリンちゃんとアンズちゃんとモモちゃん
みんなで一緒に仲よく分け合って食べようね。

ばあば　いつでも行動が一緒ね。まさかパン作りまでなんて！
ひいばあちゃんは蒸しパンをよく作ってたわ。高菜《たかな》漬けとお肉を具にして、肉まんの形ではなくロールの形の蒸しパンだったのよ。

☎2021年5月

ばあば　あまり外出できないけど、ひいばあちゃんとおじいちゃんはこのところは、何してるの？

ココママ　モモちゃんから聞いたけど、沖縄へ行く頻度は減ったたって。
島でもコロナウイルス感染症の警戒が強くて、ばあばの弟のショウちゃんになかなか会えないみたいね。

ばあば　家に居る時間が長くなったのね。

ひいばあちゃんは私が子どものころは、雨の日とか天気が悪くて外へ出かけない日は、洋裁してたよ。

ココママ　そう、思い出した。ひいばあちゃん、マイバッグを作ったって。黄色のレース系でパイナップル編みの手提げ袋。色違いでおじいちゃんのも作ってあげたって。

ばあば　全然交流がないのかと思ってたけど。よかったねー。

ココママ　ひいばあちゃんは何でもできるのね。女の人の鑑《かがみ》だね！

ばあば　前向きにチャレンジするタイプよ。私の中学と高校のセーラー服も縫ってくれたのよ。よくわからない箇所は知り合いに聞

きながらでもね。すごい努力家だよ。

ココママ
ばあばはひいばあちゃん似だね！

ばあば
そう？　いいところが似てよかったわ。

☎2021年6月

モモちゃん
おじいちゃん、ギター弾いてるよ。
この写真と同じ服着て。赤と黒のチェック柄のシャツにジーンズ。

ココママ
パパが言ってた。おじいちゃんは若いころギター弾いてたって。あの世でもギターあるのね⁉

ばあば
生前の習慣はあの世でも継続するのね？
2年も経つと、だいぶ家族に慣れてくるのね。本当に同居人みたい。

ココママ
自分の意見も言うみたいよ。この間、子どもと買い物の帰りに、お花屋さんに立ち寄ったの。ピンクのお花に決めたとき……。

モモちゃん
おじいちゃん、オレンジ色のお花が好きだって。

ココママ
今日はピンクにして、次オレンジ色にしましょうよ。

その帰り道——。

モモちゃん
おじいちゃん、「やっぱりオレンジ色のお花がよかったなあ」って言ってるよ。

ココママ
次はオレンジ色のお花にしますからね。

ばあば
そうなの、けっこう自分の意見を言うようになったね。お坊ちゃん育ちだったからかしら。
もしかして、今日は、ピンクのお花がセールだったんじゃない？

ココママ
正解!! 頻繁にお花を買うので、少しでも安いほうが助かるのよ。
おじいちゃんには悪いけど、次回ね。

☎2021年7月

ばあば
夏休みはどこか行く予定あるの？

ココママ
こんな状態だから、あまり人が密集しない所、海辺の砂浜で遊ぶくらいかな。
子どももストレス溜まるし、大人もストレスで疲れきっているし。
早く元の生活に戻りたいわね。

ばあば　日本中の人がそう願ってるよ。
ずいぶん会ってないよね。
ココママ　私が行けないのに、ひいばあちゃんとおじいちゃんは、まだ居るよね。
ばあば　そう言えば、そうね。ばあばが来ない間、ずーっと居るつもりかしら？
ココママ　不思議よね!!　私が「行かない」ではなく、「行けない」状態のときに長期滞在してる。
ばあば　テレビで朝ドラを見たり歌番組を見たりして楽しんでるみたいよ。
すっかりこの世の人ね！　私たちと変わらない生活をしているよね。
姿が見えないだけ!?

2、3日後――。

モモちゃん

ココママ
ママ、ママ！　大変!!　今度はひいじいちゃんが来たよ！
ばあば
えっ？　とうとう来たのね！　そうなるのではないかと思ってたけど。
ココママ
私もそうなると思ってたわ。ドラマみたいね!!
でもどうして、ひいじいちゃんとわかったの？
ばあば
ひいばあちゃんから紹介されたって。
ココママ
沖縄が大好きで島から離れられないと思ってたのに。泊まったりするの？
モモちゃん
モモちゃん、ひいじいちゃんは夜も泊まってるの？
ちゃんとひいばあちゃんのそばで寝てるよ。
ひいじいちゃん、キリッとした顔。いい男ね！　びっくりしちゃったー。私のタイプだわ！

ココママ
えーモモちゃん、すごい発言するね！
ばあば
それじゃあ、ひいじいちゃんも大喜びね。
おじいちゃんはどうしてるの？
モモちゃん
私がひいじいちゃんにおじいちゃんを紹介したら、「知り合いだよ」って言われたの。
ばあば
えー、不思議ね！　私もおじいちゃんに会ったことがないのに。
思い当たるとしたら、大行院で供養のときよね。つまりご塔婆仲間。本当に不思議ね！

☎2021年8月
ココママ
昨日、ひいじいちゃんとひいばあちゃんがお墓に行ったそうよ。
それがね、またまた信じられないことが……。

ばあば
何があったの？

ココママ
四角い枠と小さめの男の人が現れて、ひいじいちゃんとひいばあちゃんがシュッと四角い枠をくぐって見えなくなったって。

モモちゃんが四角い枠に近寄ってみたら、お墓にたくさんの供え物が見えたって。

すると、門番みたいな小さめの男の人が、「あんたはダメ！」と言って、シュッと消えたんだって。

まるでドラマか映画よね。

誰も信じないよね。

ばあば
びっくりするだけで、言葉が出ない！　まるで漫画を読んでるみたい！

翌日――。

ココママ　今日は浜辺で遊んでるの。

モモちゃん　おじぃちゃん、浜辺のガラスの欠片で足を切って、血が出てるの。
ひぃじぃちゃんとひぃばあちゃんが、おじぃちゃんの手当てをしてるよ。

ばあば　それは大変、あの世でも血を流すのね。
おじぃちゃん、都会育ちだから、海辺は苦手？　でも砂浜で遊べて、楽しそうね。
それにお出かけのときは、いつも一緒ね！

ココママ　子どもたちより楽しみにしているみたい。
ひぃじぃちゃんが加わってから、もっと楽しそうよ。

ばあば

ココママ　明日、あーちゃんママときっくん、かかちゃんがうちに泊まりに来るのよ。

あら、そうなの。いいね！

モモちゃん
明日、ひぃじいちゃんとひぃばあちゃん、東京に行くって。
おじいちゃんが車で送ってあげるって。

ばあば
あの世にも車があると聞いたことあるけど、本当なのね。

ココママ
ひぃじいちゃんとひぃばあちゃんは東京がよくわからないから、おじいちゃんが車で案内するのかもね。おじいちゃんは、東京に住んでたから。
まっ、一瞬で着くみたいけど。

ばあば
あーちゃんたちが家に泊まりに来るタイミングで、東京に来るなんて偶然ではないよね。
きっとあーちゃん家には入れないから。
苗字が違うから？　我が家なら出入りの許可が、すでに出てるからかな？
見えないけど、楽しみだわ！

☎2021年9月

ココママ　今、カリンちゃんとアンズちゃん、モモちゃんがプリン作ってるの。
ばあばに貰ったプリンの材料で。
ひいじいちゃんとひいばあちゃん、おじいちゃんは、不思議そうに見てるそうよ。

ばあば　みんなの退屈しのぎにと送ったけど、さっそく作ってもらえてよかった。

ココママ　みんなでおいしいって喜んで食べてますよ。もちろんお三方も！
たこ焼きもみんなで一緒に作ってるよ。

ばあば　お手伝いするようになったのね。楽しい時間ができてよかったね。

ココママ　そう、私は材料を準備するだけ。お三方もたこ焼き大好きみたい。
今年もおじいちゃんの誕生日に、ケーキを一緒にいただいたわ。

モモちゃん

おじいちゃんが生きてたら、もっとたくさん遊べたのに。

えーんえーん（泣いてる）。

ばあば

おじいちゃん、本当に幸せね。

会えなかった孫に、霊の姿でこんなに慕われるなんて、本当に幸せね！

☎2021年10月

ばあば

今、ひいじいちゃんとひいばあちゃん、おじいちゃんのご供養で、大行院に行く途中です。

私の妹のりりが入院してるって、連絡があったのよ。

モモちゃんに伝えてくれないかしら。

ココママ

ねぇ、モモちゃん、ひいばあちゃんに「りりおばちゃんが入院してる」って伝えて。

モモちゃん　知ってるよ。
お腹に針が刺さってるって、ひいばあちゃんから
聞いたもん。

ココママ　りりおばちゃん、大丈夫かな？

モモちゃん　大丈夫って言ってたよ。
ひいばあちゃん、大きい水晶玉を持ってるよ。

ココママ　ひいばあちゃん、水晶玉みたいなのを持ってるら
しいけど占いしてたの？

ばあば　へぇー、聞いたことなかったけど。
占いは好きみたいだったけど、水晶玉は聞いたことも見たこともないわ。

ココママ

そう言えば1週間ほど前、ひいばあちゃんがモモちゃんに「この人知ってる?」って、りりおばちゃんの写真を見せたって。私の結婚式のときの写真だったみたい。きっと何かが起きる前ぶれだったのね。

ばあば 本当に、信じがたいことばっかり!

おじいちゃんは携帯の写メ、ひいばあちゃんは写真を、あの世に持って行ったのかしら。理解できない出来事ばかりで、その都度サプライズ!

ココママ そうそう、またびっくりしたことがあったの。

ハロウィーンの日、今年はうちでパーティーをやったのね。

ばあば えー、お三方、どこかに隠れていたのかしら? 霊が見える子もいるからね。

ココママ そう、私も心配したのよ。

それでモモちゃんに聞こうと思って近寄ったら、天井を見上げて、「怖ーい」って小さい声で震えてたの。

なんと、天井に眼だけがあって、代わり番こで覗いてるらしいのよ。私には何も見えないけど。見慣れない人、よその人が来ると隠れるみたいね。天井の角の辺りとか。

ばあば　この世の人になるべく姿を見せないという規則があるかもね。

ココママ　私もそう思う！

ばあば　本当にびっくり！　信じられないよ!!

☎2021年11月

ばあば

ココママ　狭い所で、夜どうやって寝てるの？
ひいばあちゃん、ひいじいちゃん、おじいちゃんの順で川の字になってる。
狭いから、ひいじいちゃんが何か考えるって。

ばあば　へぇー、それは興味ありますね！
ひいじいちゃん、けっこうアイディアマンだったから。どうするつもりかしら？

モモちゃん　ママ、見て、見てー！　これは何でしょう？

ココママ　ひぇーっ！　うっ、浮いて座ってるの？

モモちゃん　ブブー！　ひいじいちゃんが椅子に座ってて、私を抱っこしてるの。

ココママ　ひいじいちゃんは私には見えないから、浮いて見えるよ、モモちゃん！

ばあば　ひいじいちゃんは厳しすぎて、子どもの私たちは寄りつかなかったけど、孫にはやさしいのね。私の弟にだけもやさしかったのよ。

☎２０２１年12月

ばあば　寒い日が続いてるけど、みんな、元気にしてる？

ココママ　東京よりこっちのほうがもっと寒いよ。
そうそう、ビッグニュースがあるの。ひいじいちゃんがバラの部屋を作ったっていうの、バラの部屋よ!!

ばあば　本当？　それはビッグニュースね。昔からすぐ実行するし、アイディアマンなのよ。バラのお部屋って何色？

ココママ モモちゃんに聞いたら、赤とピンクのバラだって。

ばあば ずいぶん派手な部屋ね。いったいどこに作ったっていってるの？

ココママ クローゼットだって。

ばあば あなたの家に、そんなスペースあった？

ココママ 次元が違うから、浮いてるような感じだって。それに、シャワーもあるって。

ばあば ひいばあちゃんはそのシャワーを使ってるの？

ココママ

うぅん、ひぃばあちゃんだけは、うちのお風呂でモモちゃんと遊びながら入ってるよ。たらいにお湯を溜めて、お湯かけっこして遊んでる。

私にはモモちゃんしか見えないけど。

ばあば

まあ、本当に仲がいいのね。私よりもずっと、ひぃばあちゃんと仲良しだわ。

ひぃじいちゃんはね、今から57年くらい前、私が子どものころ、畑にある大きな池から水道管を繋いで、トイレ用の水道を引いたのよ。半水洗トイレ、あの時代では珍しかったのよ。

すごく厳しくて怖い父親だったので、子どもが寄りつかなかったの。なのに、水道管をバーナーで繋ぐ助手が、運悪く私だった！　それも今ではいい思い出ね。

お酒が好きで、料理も上手だった。おつまみのカラスミを作ったり、すっぽんやウナギを川からとってきて、料理したり。とくにウナギの蒲焼きは一番美味しかったわ。

ニワトリ、アヒル、ガチョウ、七面鳥も飼っていたのよ。

毎朝の餌やり当番はほんといやだったわ。

アヒルとガチョウが雛を連れてるときは、私が餌をあげようとすると、警戒し、敵視されて、ものすごい勢いで太ももに噛みついてくるのよ。大きいくちばしで噛んでひねるので、表現できないくらいの痛さでね。すごく怖かった。

それからは棒を持って餌やりよ。滑稽でしょう？

ココママ
怖ーい！　私はできないわ。

ばあば
昔は、働かざる者は食うべからず！
お手伝いはみんな兄弟姉妹でやっていたわ。そういう時代なの！
怖くても、自分で工夫をしてなんとかクリアした。そうやって育ってきたの。
だから、ちょっとした苦労は難儀ではないわね。

ココママ
だから、ばあばは強いんだね。

ばあば
今振り返れば、いい体験をしたと思う。なかなか体験できない生活スタイルだったわね。

☎2022年1月

ばあば
あけましておめでとう！　今年もよろしくね！
お三方はまだいらっしゃいますか？

ココママ
あけましておめでとうございます！　今年もよろしくね！
お三方、もちろんいらっしゃいますよ。
早いね。おじいちゃんとひいばあちゃん、もう2年半も過ぎ、もうすぐ3年になるよ。
ひいじいちゃんはまだ半年だけど。

ばあば
今年もおじいちゃん、神様に呼ばれてないよね？　大丈夫よね？

モモちゃん

大丈夫だって。


ココママ　モモちゃんとコミュニケーションをちゃんと取ってるから、何かあったら教えてくれると思うよ。

おじいちゃんとひいばあちゃんは3度目のお正月、ひいじいちゃんは1年目ね。

ここに居て楽しいと思うよ。

年末年始はパパのお姉さん家族がお泊まりでした！

ばあば　霊を見たという話は耳にするけど、長く滞在する話は聞いたことがないわ。
で、来客中はお三方どうしてたの？

ココママ　バラの部屋にこもっていたようです。

その後、みんなで一緒に1泊旅行。もちろん、お三方もついてきたみたい。

私たちはホテルの10階の部屋で1泊だったけど、ひいじいちゃんたちは4階の部屋で延泊までして、すごく楽しかったって。

モモちゃん　そうよ、とても楽しかったって言ってるよ。ご馳走食べすぎておなか壊したって。あまりにも楽しいので、もう1泊してから戻るね、だって。

ばあば　この世では、旅行はあまりできなかったのよ。たくさん徳を積んで天国へ行ったので、神様からのご褒美よね。神様にいただいたお金で、置き銭をして宿泊してるんだから。本当に信じられないよ！

ココママ　この間、モモちゃんが学校の廊下で男の子と頭がぶつかって、泣いてしまったらしいの。いつまでも泣いていたので、ひいばあちゃんに、注意されたそうよ。「いつまで泣いているの。明るいことを考えなさい」って。

ばあば　ひいばあちゃん、学校までついていくの？

ココママ　一緒に登校するそうよ。

ばあば

大丈夫なの？　幼稚園とは違うでしょ。
よっぽどモモちゃんのことが好きで心配なのね。とても愛情深い母親だったから。

☎2022年2月

ココママ
モモちゃんに聞いたけど、ひいじいちゃんが犬を飼ってるって。

ばあば
そうなの？
そう言えば、生前、犬を飼ってないときはなかったね。
前に話したけど、猫もいたし、ニワトリ、アヒル、ガチョウ、七面鳥も飼ってたの。ほんと賑やかだったわ。だから犬だけでなく、鳥系も飼ってるでしょう？

モモちゃん
うん、鳥も飼ってる。
ひいじいちゃんとおじいちゃんは一緒に畑に出かけることが多いよ。

ばあば
ひいばあちゃんは一緒に畑に行かないの？

モモちゃん
ひいばあちゃんは畑仕事はもうたくさんだって、いつも紫色の花柄の服を着ているよ。
ネックレスとブレスレットは、ピンクとグリーンよ。

ばあば
畑で働き過ぎたのでもういやなのね。サンゴとヒスイね。愛用してたよ。

ココママ
へえーあの世でも愛用してる物、変わらないのね。びっくり!!
今月は、モモちゃんと私の誕生日なの。いろいろと準備しなくちゃ！

ばあば
お誕生日プレゼントのリクエストが決まってないようだから、お振り込みにしますね。

☎２０２２年３月

今年も桃の節句がやってきました。ココママのおうちは３人娘なので、３種類飾っています。

ばあば手作りの、雛人形と吊り雛もありますよ。賑やかですよ！

ばあば

2年前のディズニーランド以来、コロナ禍のため会ってないので、さびしいねぇ。

今年も大行院に行ってきましたよ。今年の干支壬寅《みずのえとら》の一念叶の書をいただいてきました。

近々お清めのお塩と一緒に送りますね！

ココママ

今年もご供養の代行をありがとうね。

おじいちゃんは今月が命日なので、具合が悪くなったときがありました。

モモちゃんが、「ひいじいちゃんとひいばあちゃんが一生懸命看病してる」だって。

ばあば

おじいちゃん、幸せよね。

だって一人じゃないし、心配してくれる仲間がそばにいるのよ。
おじいちゃんは私の兄と同じ年。ひぃじぃちゃんは兄と仲よくなかったの。
おじぃちゃんとこんなに仲よくなれるのに、複雑な気持ちだわ。
ひぃばあちゃんも私と同じ心境だと思うよ。

ココママ

そうだったの。
おじいちゃんとは1年くらい前に出会ったばかりなのに、仲よくていつも一緒みたい。

☎2022年4月

ばあば

今、朝ドラは沖縄がロケ地なのね。ちょうど私が中学生のころの様子だわ。

ココママ

お三方もちゃんと朝ドラ、一緒に見てます。
ひぃばあちゃんは、頷きながら見てるそうです。

モモちゃん

そう！　頷きながら見てるよ。

ばあば
へぇー、驚くことが、次から次へと出てくるね！
この世にいたころの生活の光景がよく似ているから共感してるのかもね。

モモちゃん
毎朝楽しみにしてるよ、朝ドラ。

ばあば
本当に、信じられないことばかり!!　でも楽しそうでよかった。
天国からこの世へ遊びに来てるのかしら？　しかも沖縄ロケ地の朝ドラ放映中に！
それにコロナ禍で私たち東京組が、福岡へ泊まりにいけない時期に……。
お三方がその間、長期滞在してるなんて。
これって偶然ではないと思わない？　本当に不思議よね!!
そうそう、今日は、ひいばあちゃんの命日よ。

ココママ
忘れてないよ。みんなで手を合わせました！
でも不思議よ。モモちゃんが「今日は1度もひいばあちゃんに会ってない」って、言ってた。

モモちゃん そう！　まだ会ってないよ。
どこに出かけたのかなぁ？

ばあば ほぼ毎日そばにいるのに、今日の命日に限っていないのね。
どこへ行ったのかな？　もしかして神様に呼ばれたの？

ココママ そばを買いに行ってるって、モモちゃんが言ってるよ。

モモちゃん そうだよ、そばを買いに出かけたの。

ばあば へぇー、あとで沖縄のミミさんに聞いてみるね。
特別にお供えをしたのかな？
お供え物をちゃんと食べてるって、モモちゃんに聞いたから、東京でもお菓子をいっぱい置きました。

モモちゃん
うん！　ひいばあちゃん、袋を開けて食べてるよ。

ばあば
沖縄のミミさんに聞いたら、ひいばあちゃんの命日の1週間前にお祭りがあって、たくさんご馳走作ったので、命日はとくに何もしてないって。
私は3月末、大行院でご供養させていただきました。
もちろん、お宅の分のご塔婆もね！

ココママ
ありがとう！

ばあば
お祭りの日は、お三方ともよそにお泊まりしたの？

モモちゃん
夜、ちゃんと戻ってきたよ。

ばあば
本当に不思議!!　こんなに長い滞在にびっくりだわ!!
天国に戻れるかしら？　心配だわ。

☎2022年5月

ばあば
最近、何か変化はないの？

ココママ
そう言えば、珍しく3日間くらい島に行ってたらしいの。夜も戻らなかったって。モモちゃん、寂しそうにしてたわ。

ばあば
じゃあ、私の弟のショウちゃんの所に行ったのね。この世に障害のあるショウちゃんを残して、2人とも天国へ行ってしまったので、心配でしょうがないのよ。神様に懇願して、この世に長期滞在の許可をもらってると思うの。心配で心配で、ショウちゃんを見守ってるのね。

親って心配が尽きないのね。天国へ行っても、こんな形で子を見守る！

この世にいたころは、いっぱい苦労をしてたし。生きながら大変な修行をしたのと同じだと思う。

今はこの世にいたときよりも、ずーっと楽しそうで幸せそう。

徳を積んだ人しか貰えない、ご褒美だと思うわ。

☎2022年6月

ばあば 今でもモモちゃん、ひいばあちゃんと一緒にお風呂入るの？

ココママ ほとんど一緒に入ってるみたい。私には見えないけど。

ばあば ひいじいちゃんとおじいちゃんは、いつお風呂に入るの？

ココママ それがね、クローゼットの中のバラの部屋のお風呂場で入るみたいよ。

ばあば えーっ！　本当？　本当にアンビリーバブル！　信じられない！
私たちはもうわかるけど、他人に話したら頭がおかしいと言われるだけよね！

ココママ　モモちゃんが、バラの部屋ができる前は、私たち家族が使ってない合間に、お風呂とか洗面所を使ってたって。シューッと移動が速いから、気がつかないよって。

ばあば　ひいじいちゃんはすごく厳しくてすぐ怒るから、子どもに怖がられてたんだけどね。

ココママ　今モモちゃんと仲よくて抱っこしたりしてるから想像できないけど。

☎2022年7月

ココママ　沖縄のミミさんから果物が届いたよ。

ばあば　よかったねー。子どもたち、喜んで食べてる？

ココママ　おいしいって、喜んで食べてるよ。

ひいばあちゃんも喜んで食べてるって！

ばあば
この世にいたときには、あまり実が付かなかったけど、こんな形で、自分たちが植えた果物の実を食べているとは。感動ものです！

ココママ
８月に引っ越しするの。
子どもたちが大きくなったので狭くって、もうちょっと広い所へ行く予定なの。

ばあば
どの辺に？

ココママ
すぐ近くなの。ここから見える距離。

ばあば
じゃあお三方も一緒にかしら？　モモちゃん、何か言ってた？

ココママ
神様に認証してもらえれば大丈夫だって。それって、子どもが使う言葉ではないよね。

ばあば

ニンショウって、漢字で認証！
神様に申し立てして、認証してもらうことなのね。
モモちゃんには、意味がわからない言葉だよね。ひいばあちゃんが言っている言葉を、
そのまま私たちに伝えてるのかもね。
やっぱり、神様の監視のもとで行動しているのね。
で、まだバラの部屋はあるの？

ココママ

もう壊して、ないって、モモちゃんが言ってた。

ばあば

へぇー、もう壊したの？
引っ越し先で再びバラの部屋を造るの？

ココママ

それがね、もう少しで、天国に戻らなければならないって！

モモちゃん

神様がもうこれ以上延ばすことはできないと言ってるの。

いやだー！　さびしい！

ばあば
じゃあ、引っ越し先に行くかどうか、わからないってこと？

ココママ
わからないのよ。
8月2日から新幹線で東京に1週間くらい行く予定でしょ。もちろんお三方も同行するけど。
どうも東京で遊んだあと、サヨナラのような気がする。

モモちゃん
「東京でサヨナラだと思う」って、ひいばあちゃんが言ってた。
神様が決めることだから！

ばあば
ひいばあちゃんは、3年前のディズニーランドのとき一緒にいたけど、モモちゃんには見えなかったのよね。
だからディズニーランドは、ひいじいちゃんだけ初めてなのよ。
ひいばあちゃんは、きっとまた張り切って楽しむでしょうね！　私が乗れない乗り物も、平気で楽しんでたから！

ココママ

いろんな乗り物が平気だから、よかったよね。
たくさん楽しんでから、天国へ帰るといいね！

ばあば

本当に不思議!!

■２０２２年８月　東京駅にて

ばあば

お久しぶり！　３年も会ってないから、大きくなっちゃって。本当にみんなかわいい!!
写メとは、みんなの印象も少し違うわね。
さぁ、私の家に行きましょう！

ココママ

よろしくお願いします！

カリンちゃんとアンズちゃんとモモちゃん

　よろしくお願いしまーす！

ばあば　疲れたでしょう。ご飯の支度してあるから、行きましょう！

　お三方も一緒？

ココママ　そうらしい。でもあまりその話はしないでほしいって、モモちゃんが。

モモちゃん　今は言わないでって。

ばあば　はーい、わかりました。

ココママ　東京に来る前に、バタバタしていて、パパが鍵を玄関辺りに落としたの。ずいぶん捜したけれど見つからなくて気を落としてたら、なんと下駄箱の取っ手にぶら下がっていたのよ。とても不思議!!　床に落としたはずなのに。

　下駄箱の取っ手によ。おじいちゃんが見つけてくれたのかしら？

ばあば　手助けしてくれたのね。幼稚園バスのお迎え時間の件のように。

■2022年8月7日

私にとってこの日は、忘れられない日となりました。
夜明けの3時ごろまで、娘2人と3人で、ひいじいちゃんとひいばあちゃん、そしておじいちゃんの思い出話を長々としゃべっていました。

ばあば　ねえ、8月8日、今日は3人で天国に戻るって本当かしら？

ココママ　モモちゃんがそう言ってたから本当よ。

ばあば　もう8月8日になったよ。

ココママ　何時ごろなのかわからないけど、でもだいたい朝のうちでしょう？

ばあば
昨日の夕方、慌てて果物とおはぎとおまんじゅうを買ってよかった。
モモちゃんのおかげよね。
ちゃんと食べてくれたのかな？

ココママ
今度モモちゃんに聞いてみるね。あまりにも直近のことだと、教えてくれないから。

ばあば
いけない！　もう3時よ。寝なくちゃ！
ハイハイもう寝てー。朝になっちゃうよ。

ココママとあーちゃんママ
そうね。おやすみー。

朝になりました。９時ごろ、納戸にお三方がいると聞いてましたので、ドキドキしながら、ドアを開けようとすると――。
１回目、開かない！
２回目、開かない！

３回目、開かない！

ばあば
ココママー！　ドアが開かないの！　開けてみてー！

ココママ
えー、開かないの？
やっぱり開かない！

あーちゃんママ
なになに、私が開けてみるよ。
えっ、開かない！

ばあば
もう１度開けてみる！
やっと開きました！

あーちゃんママ
何か、引っかかってたんじゃないの？

ばあば
じゃあ閉めて、もう１回開けてみるよ。

……開かない！

あーちゃんママ
もう1回、開けてみるよ。
あっ、開いた！

ばあば
閉めてね。もう1回、私が開けてみるから！
あっ、開いた！
何も引っかかるような物はないよ！
本当に不思議ねえ！　そう言えば、モモちゃんが霊の道があるって言ってたよね。

ココママ
そう！　霊の道があって、光ってるって。「その道に行かないで」と教えてくれたよ。
モモちゃん以外の人には見えないけど……。

ばあば
モモちゃんがその霊の道に行かないように、ひいばあちゃんがドアを細工したのね。
あんなに懐いていたから、後を追ってこられると大変だから。

ココママ
みんな起きてるのに、モモちゃんまだ寝てるよ。起こさないと!
モモちゃん
おはよう。疲れたー。
ココママ
どうしたの? 目が腫れてる! 泣いたの?
モモちゃん
夜中にひぃばあちゃんから左肩をトントンされて起きたの。
ひぃばあちゃんが、お別れの挨拶をしたいって!
「さびしくなるから、いやだ! 神様にもっと居られるようにお願いして!」って言ったら、ひぃばあちゃん、神様がもうこれ以上延ばすことはできないって。もう3年も居たでしょうって。
涙がいっぱい出て、悲しかった! 涙が止まらない!
ひぃじぃちゃんとひぃばあちゃん、おじぃちゃんが横一列に並んで、長い時間お話ししたよ。さびしいよ!
ココママ

モモちゃん

モモちゃん、大変だったね！

でも神様の指示だから、どうにもならないでしょう。

こんなに長く、3年も居られるなんてありえないことだから。

ココママ

ひいじいちゃんの犬とおじいちゃんの犬に子犬が産まれたから、一緒に天国に戻りますって。

それからひいばあちゃんに、私の耳についてたイヤホンみたいなものを返したの。そのイヤホンがないと、離れているときのひいばあちゃんの声がよく聞こえないから。

それから「お花畑には絶対に来ないで」って、何度も何度も言われたよ。

本当に悲しい！　さびしぃよ！

ばあば

モモちゃん、3年間えらかったね。

疲れたでしょう？

本当！　えらかった！

すごい、信じられないような体験をいっぱいしたから疲れたでしょう？

モモちゃん
でも毎日楽しかった！
さびしいよ！

ばあば
じゃあ、ばあばが後ろから抱きつこうかな？　ひいばあちゃんに代わって！

モモちゃん
そんなことしてもダメだよ。
だってひいばあちゃん、お花の匂いがしてるから。

ココママ、あーちゃんママ
へえー、お花の匂い？
いい匂いがするの？

ばあば
いい匂いではないと聞いたことがあるけど、ひいばあちゃんはお花の匂いなのね。

本当に最後の最後まで、びっくりすることばかり！

ばあばと、もっと仲よくしようね。

モモちゃん

でも、ひいばあちゃんじゃないから！

あっ！　言い忘れてた。2年後、また遊びに来るって！「そのときは、モモちゃん、まだ霊感残ってるかなあ？」って。

2年後、楽しみに待ってるよ。

ばあば

本当に信じられない！

本当に2年後、天国から遊びに来るかどうか検証しましょうね！

＊　＊　＊

モモちゃんがお三方と涙のお別れをしてから、あっという間に2年が経ちました。2年後に遊びに来ると言っていたお三方ですが、2024年2月11日、ココママ家族がファストフード店で食事をしていたときに、モモちゃんがこんなことを言っていたそうです。

「ずーっとずーっと遠くに、大好きなひいじいちゃん、ひいばあちゃん、おじいちゃんがいるよ！　お店のメニューにはない大きなチーズバーガーを分け合って食べてるよ！」

お三方があまりにも遠くに離れているので、モモちゃんが声をかけることができずに手を振ると、お三方も手を振ってくれたそうです。

しかし、それ以降は見かけたことがないとのこと。８月５日、ココママ家族、あーちゃんママ家族とみんなでディズニーランドに出かけたときには、モモちゃんがお三方の気配を感じられずに残念がっていました。

モモちゃんの〝不思議な力〟はもうないのかしら？

私は寂しさを覚えつつ、ディズニーランドではしゃぐ孫たちの笑顔に囲まれながら、この幸せが続きますようにと願ったのです。

完

あとがき

私は、社会人になってから、それまで苦労してきた母に少しは余裕のある生活を味わわせてやりたいという思いがありました。そんな親を見習い、私も一生懸命に働き、貯めたお金で支援をする機会がありました。そのことが幸いしたのか、母は、その後10年くらいは余裕のある生活ができたようです。

また、私には、7か月の早産で生まれて重度の障害のある弟がおります。私が中学・高校生の時には世話係としてずっと接してきた可愛い弟です。しかし、その弟には、私が東京に出てきてからは何の手助けもできないまま今日まで過ごしています。

この3年間はまったく長く感じませんでした。

私の父母&婿のお父さんの霊の楽しい姿を、モモちゃんを通して教えてもらいました。本当に楽しい3年間で、今日はどんなサプライズかしら？　そのたび、ドキドキしながら過ごした日々……。

あの世の霊が、この世の人とこんなに仲良く生活に溶け込んで暮らせるのですね。でもそれはもちろん身内だからできること。

そしてこの出来事は私へのメッセージではなかったかと感じます。

もし、弟が私より先に天国へ行ってしまったら、私は神様にお願いをします。私が天国から弟を招いて、たくさんのことを一緒に経験し、楽しみたい。寝たきりで不自由だった人生をリベンジさせてやりたい。

私に課せられた父母からのメッセージであり、最後の課題だと思って、その日を迎えたいと願っています。

吉泉　丞花

２０２４年12月

著者プロフィール

吉泉 丞花（よしいずみ しょうか）

1953年 4 月生まれ
沖縄県出身
東京都在住
職業：保険代理店経営
趣味：占い、編み物、衣服小物のリメイク

3 年間の不思議な出来事

2024年12月15日　初版第 1 刷発行

著　者　吉泉 丞花
発行者　瓜谷 綱延
発行所　株式会社文芸社
〒160-0022 東京都新宿区新宿1－10－1
電話 03-5369-3060（代表）
03-5369-2299（販売）

印刷所　株式会社フクイン

ISBN978-4-286-25990-1